AF176218

Originalausgabe

© by Mathias Bellmann. Das Werk einschließlich aller Inhalte ist urheberrechtlich geschützt. Alle Rechte vorbehalten.
Herstellung und Verlag: BoD – Books on Demand, Norderstedt
ISBN: 9783755783992

Bodhisattva Verse

Ein vierzeiliger, heiliger Schwur klebt traditionell auf den Lippen der Bodhisattvas. Sie schwören alle Wesen vom Leiden zu befreien, alle Geistesgifte zu beenden, alle Tore des Dharma zu durchschreiten und alle Wege zur Buddhaschaft zu vollenden. Bist du auch bereit diesen Schwur abzulegen und dich in die lange Kette der Bodhisattvas einzureihen, die zurückreicht bis zum legendären Buddha Shakyamuni?

Bodhisattvas

Helft
ohne Geld

Gebt
ohne Zwang

Lebt
Achtsam und mitfühlend
Jeden Augenblick

Erleuchtung wartet
An jedem Tag

Zehn Stufen rufen
Das Bodhisattvakind

Lasst los und
Zieht das große Los

Helft
Aller Welt

Gebt
Mit Gebet

Lebt
den Dharmaweg

Tiefer als tief!

Die Bodhisattva.
Der Bodhisattva.
Das Bodhisattva.

Vergiss Geschlecht, Rasse,
Ethnie, Reichtum, Größe,
Hautfarbe oder irgendein
Anderes körperliches Merkmal!

Bodhichitta ist nicht körperlich.
Bodhichitta ist nicht physisch.
Bodhichitta ist nicht materiell.

Bodhichitta ist
Die Gabe der Bodhisattvas.
Bodhichitta
Liegt tiefer als alles
Was physisch, psychisch
Oder sozial.

Finde Bodhichitta in der Sangha!

Bodhisattvaträume

Geben
In jedem Leben.
Helfen
Auch unentgeltlich.

Sie träumen zuerst von einer besseren Welt und dem Ende
des unnötigen Schmerzes. Doch Bodhisattvas sind keine
Träumer. Sie träumen, aber dann will die Bodhisattva ihren
Traum durch harte Arbeit in der Realität erzeugen.

Helfen
In allen Welten.
Geben,
Ohne etwas dafür zu nehmen.

Dasein
Für die Leidenden.
Umarme
All die Einsamen!

Schwarze Löcher

Allein im dunklen Hain.
Sternenbanner.
Mondschweif.

Tanzt mit mir Bodhisattvas!
Nehmt mich auf in eure Sangha!

Sternenzelt
Unter dreitausend Welten.
Mudrabild
Im Spiegelbild.

Zeichen und Symbole.
Stoße durch zum
Zeichenlosen.

Ohne Wunsch.
Ohne Inhärenz.
Ohne Leid.
Völlig frei.

Zehn Stufen
Bis zur Wolke.
Bodhisattvas rufen
Meinen Namen
Und ich schlage
Die leere Glocke.

All das führt ins Unheil!

Gier!
Sucht nach Sinnengier:
Sex, Drogen und Geld.
Sucht nach Dasein.

Wenn du schon suchten musst,
Dann suchte nach Erleuchtung.
Wenn du schon gieren musst,
Dann giere nach dem Erwachen.

Der Kreis Samsaras
Ist ein Kreis der Gier.
Der Kreislauf der Welt
Ist ein Kreis der Anhaftung.

Sinnengier und Gier
Nach reinen Formen.
Sinnengier und Gier
Nach dem Dasein.

Vom Gott zum Tier
Im Kreislauf Samsaras.
Vom Tier zum Gott
Im Kreislauf Samsaras
Und dazwischen Mensch.

Acht Schritte

Acht Schritte
Zur Erleuchtung.
Acht Schritte
Zum Glück.

Könnte es leichter sein,
Als acht Schritte zu setzen
Und für immer frei
Zu sein von allem Leid?

Acht Schritte
Zum Erwachen.
Acht Schritte
Bis zur Wahrheit.

Es sind nur acht Schritte
Bis zu deinem Glück,
Also sieh nicht zurück
Und geh den achtfachen Pfad.

Acht Schritte
Bis zur Buddhaschaft.
Acht Schritte
Bis zur Freiheit.
Acht Schritte
Setzen die Bodhisattvas ...

Lass los

Lass los
Von der Welt
Und ihrer Gier
Nach Geld.

Lass los
Vom stumpfen Hass
Und dem Kampf
Gegen all das.

Lass los
Von den Sorgen
An das unbekannte
Morgen.

Lass los
Von dem Sog,
Der dich in dieses
Leben trug.

Lass los
Vom Glauben
An das inhärente Ich
Und erkenne Buddhas Licht.

Eine harmonische Familie!

Bodhisattvas
Sind Buddhas Kinder.

Seine Söhne
Und Töchter und wer
Immer noch nach Erleuchtung strebt.

Buddha ist ihr Vater
Und ihre Mutter ist das Nirvana.

Sie sind eine Familie.
Sie sind die heilige Sangha.

Höre vom brennenden Haus,
Wie es das Lotossutra erzählt.
Höre von der illusorischen Stadt,
Wie es das Lotossutra erzählt.

Höre Buddhas Worte,
Aber gehe über die Sravakas
Zum Bodhichitta hinaus.

Im Weltensturm

Himmel fallen.
Höllen öffnen
Ihre Pforten.
Doch der Bodhisattva steht und wankt nicht im Geist. All
sein Streben bleibt auf die Erleuchtung
gerichtet.

Die Sonne verlischt
Und der Mond stürzt herab.
Aber die Bodhisattva hängt nicht am Materiellen. Sie weiß
um ihre Wiedergeburt, mehr noch: Sie weiß, da ist weder
Inhärenz noch Beständigkeit.

Ozeane schicken Tsunamis
Und Vulkane tödliche Lava.
Die Bodhisattvas sehen die Welt, wie sie ist und sie sehen
das Karma der Bedingtheit, das alles hervorbringt. Sie
erkennen den Lauf der Ursachen und Wirkungen und säen
heilsame Samen.

Alle!

All der Schmerz,
Doch ich litt nicht allein.
Mein gebrochenes Herz,
Doch es wird nicht
Das einzige sein.

Eine Welt
Voll von Leid.
Unnützer Neid,
Denn nicht der
Berühmteste Held
Ist frei von Leid.

Einmal um den Globus
An jedem Lokus.
Quer durch jedes Land
In jeder Hand.

Wir sind nicht allein
Mit dem Leid.
Diese Erfahrung ist es,
Die uns vereint und
Der Bodhisattvapfad,
Den jede:r betrat,
Der nach dem Ende
Des Leids verlangt.

Millionen

Millionen Leben vor diesem Leben.
Wie viele werden noch folgen?
All diese Leben, die ich gelebt.
All dieses Streben auf dem Bodhipfad.

Leben für Leben streben
Auf den Wegen des Dharma.
Geben und predigen,
Wie es Buddha tat.

Der Pfad strahlt hell;
Viel heller als alles Geld.
Der Pfad ist höher
Als jedes Götterkind.

Millionen Leben gelebt.
Wie viele folgen noch?
Millionen Tode gestorben
Und millionenfache Wiedergeburt.

Millionen Leben liegen
Vor diesem kleinen Leben.
Millionen Wege kann ich wählen
In den Leben, die folgen.
Bodhipfad!

Der Blick der Torwächter

Im Ozean des Leidens
Fand die blinde Schildkröte
Ihr Loch.

Die hungrige Tigermutter
Nährte sich am Fleisch
Des Bodhisattvas.

Auf einem vollen Schiff
Opferte er den Mörder,
Um die anderen zu retten.

Im Gezeitenstrom
Vieler Leben strahlt
Das Licht des Bodhisattva.

Die Torwächter der Weisheit
Sehen es und prüfen.
Wer besteht, dem öffnen
Sich die Tore zur Weisheit
Der Befreiung.

Schwarz und weiß

Zähle die
Schwarzen und weißen Perlen,
Wie es die alten Meister taten.
Gutes und schlechtes Karma.
Böse und liebe Gedanken.
Friedliche und gewalttätige Taten.
Dual zwar und
Dennoch ein altbewährter
Pfad.

Wahres Unterscheiden!

Unterscheidet die Bodhisattva
Zwischen den Wesen?
Niemals!
Unterscheidet der Bodhisattva,
Wem er hilft?
Niemals!
Unterscheidet der Bodhisattva
Im Nirvana?
Niemals!

Taten der Wahren

Nie allein sein
Im Leiden,
Denn alle leiden
In den Weiten.

Bodhisattvapfade
Sind eine Gabe.
Niemals sich zu schade,
Andere zu tragen.

Erwachen und
Andere heilige Sachen
Sind die Taten
Der Wahren.

Den Wesen zu geben
In jedem Leben,
Entspricht den Wegen
Der Edlen.

Bodhisattvas helfen
Völlig unentgeltlich.
Sie pflegen die Wesen,
Um ihnen Kraft zu geben
Und um ihnen den Weg
Zum Nirwana zu ebnen.

Todeslager

Ihre Knochen brechen
Und ihr Blut fließt.
Wilde Messer stechen,
Während er erschießt.

Lager und Hallen
Für Mensch und Tier.
Endlose Qualen
Durch die Offizier.

Ein erwachtes Licht
Inmitten der Blinden.
Es durchbricht
Das Hass empfinden.

Die Liebe siegt
Und die Lager enden,
Weil die Weisheit überwiegt
Und die Verblendung endet.

Im Herz der Bodhisattvas
Erwacht das Wissen
Über den Fehl des Hasses
Hinter den Kulissen.

Kinder

Kinder strahlen
An glücklichen Tagen
Und sie weinen,
Wenn ihre Eltern greinen.

Bodhisattvas der Welt
Euer Wille zählt,
Damit die Kinder lachen
Mit heilen Spielsachen.

Wir sind in einem brennenden Haus.
Nicht mal der Buddha kriegt uns raus.
Er baut verlockende Spielsachen,
Damit wir erwachen.

Bodhisattvas der Welt
Nehmt das viele Geld,
Aber haftet nicht dran,
Denn sonst seid ihr gefangen.

Euer Schwur bindet euch
Und wird von Mitgefühl gefolgt.
Rettet die Kinder der Erbe
Und heilt ihr karmisches Erbe.

Junger, schüchterner Mann

Fahler Leib beheimatet
Einen wachen Geist.
Statt dem Blick nach außen
Blickt er nach innen.
Statt dem Materiellen
Wählt er das Spirituelle.

Unscheinbar
Ist seine Wahrheit.
Er gräbt tief und sieht,
Wie viel Liebe überall
Verborgen liegt.
Er öffnet sein Herz
Für den wahren Wert.

Dann versteht er,
Was der Buddha lehrt
Und er schwört,
Nie mehr zu weichen
Bis ans Ende aller Zeiten
Vom Pfad der Bodhisattvas.

Noch nicht

Tränen wehen in mir
Über die Welt.
Noch bin ich kein Held
Des Bodhipfades.

Opfer leiden überall
Auf der Welt.
Noch bin ich kein Held,
Um ihnen wirklich zu helfen.

Krankheiten siechen
In allen Teilen der Welt.
Noch bin ich kein Held,
Sie zu heilen.

Armut frisst das Lebenslicht
Überall auf der Welt.
Noch bin ich kein Held,
Ihnen Schätze zu spenden.

Noch bin ich nicht,
Doch sicherlich strebe ich
Danach, sie alle zu retten
Und glücklich zu betten.
Denn ich wählte den Pfad
Und legte den Schwur
Der Bodhisattvas ab.

Früchte des Weges

Wildes Land.
Kein Gesetz.
Keine helfende Hand.

Gefangen im System.
Überwacht vom Staat
Ohne Gnade.

Armut frisst
Und der Hunger schreit.
Ein Baby weint.

Diese Welt braucht Liebe,
Mehr noch Bodhisattvas
Mit der heiligen Gabe.

Die Menschen brauchen Hilfe,
Mehr noch sie brauchen Dharma
Für das Wahre.

Buddha lehrt die Wahrheit.
Denn diese befreit.
Denn die Wahrheit heilt.

Weisheit führt ins Licht.
Sie erzeugt Früchte
Zum Essen und Verstehen.

Sechs Paramitas

Ich sitze
Und strecke meine
Spirituellen Glieder.

Ich übe
Das Atmen und
Lerne das Warten.

Geduld ist
Eine Tugend.
Jede Paramita
Ist eine Tugend.

Junge Bodhisattvas
Üben die sechs Atemzüge
Des Shantideva.

Alte Bodhisattvas
Vollenden das Streben
Auf Shantidevas Wegen.

Wer auch immer Teil
Der Bodhisattvafamilie ist,
Ist jederzeit bereit,
Die Paramitas zu leben.

Eine kleine Bodhisattva fragt

Wie rette ich die Welt?
Fragt die kleine Bodhisattva.
Wie schaffe ich es,
Dass sich jeder Mensch fragt:
Wie rette ich die Welt?
Fragt sich die Bodhisattva weiter.

Ihre kleinen Hände
Und nackten Füße
Im Sand des Flusses.
Ihr schwarzes Haar
Weht im eiskalten
Wind Samsaras.

Ihr Herz glüht
Und berührt alle.
Ihr Geist spürt
Das Gefühl Nirwanas.

Wie rette ich die Welt?
Fragt sie sich,
Während das Wasser
Um ihre Knöchel spielt.

Ein Ozean des Leidens
Und ein Strom des Heilens.
Tritt ein in den Strom
Und wähle das Mahayana.

Fokus

Stiller Atem.
Reise ins Innere.
Tausend Krakenarme
Alter Gedanken.

Reiner Fluss
Des Geistes heilt.
Gedankentrümmer
Stauen.

Bodhisattvas
Üben die Meditation
Und erlangen den Lohn
Eines reinen Fokus.

Helfen und Gutes tun,
Damit das Leid verschwindet,
Gelingt nur mit einem Geist,
Der sich nicht um Gier
Und alte Erinnerungen windet.

Haftung an das Gestern.
Geklebt ans Morgen.
Entfernt vom Augenblick,
In dem nur Helfen möglich ist.
Sitzt deshalb still und leise
Auf Buddhas alte Weise
Und befreit euren Geist.
Macht euch für den Dienst bereit!

Dharma-Wissen

Im Dharma liegt
Ruhe und Gewissen.
Der Dharma siegt
Mit heilendem Wissen.

Bodhisattvas hört
Den Ruf der Buddhas.
Bodhisattvas schwört,
Den Wesen zu helfen.

Das Leiden ist groß
Und wächst ständig.
Der Bodhisattva Los
Ist der Weg zur Erlösung.

Seht die Sterne strahlen
Und übt die Meditation.
Folgt den Worten der Wahren
Und seht den Leerheitslohn.

Eure Herzen sind stark
Auf dem Buddhapfad.
Das Bodhichitta ist wahr,
Denn es besitzt heilende Kraft.

Bodhisattvakinder

In der Ruhe sucht der Bodhisattva
Seine Stärke.
Auf dem Sitzkissen ergreift die Bodhisattva
Ihre Herzenswärme.

Draußen in der Welt:
Milliarden leiden
Für wertloses Geld
Aus grundloser Gier.

Draußen in der Welt
Regiert die Verblendung
Und die Unwissenheit;
Wie im Nebel stochern
Die Wesen auf der Suche nach Glück.

Bodhisattvas lernen zu sehen
Und versuchen, den Sinn zu verstehen,
Der in Buddhas Dharma steckt
Und wie sie damit die Wesen retten
Vor der Qual und dem Schmerz.

Und wie sie alle lehren aufzuhören,
Sich selbst ins Unglück zu stürzen
Aufgrund unwahrer Illusionen.

Geduld

Durch den eigenen Schmerz hindurchgehen
Und der Wahrheit ins Gesicht sehen:
Viele da draußen leiden und
Sind unfähig, ihr Leiden zu ertragen.

Geduld Bodhisattvas,
So sagt der große Shantideva.
Geduld ist die Paramita.
Also lernt und übt
Im Angesicht eures Schmerzes.

Leicht?
Der Pfad ist steinig,
Aber er ist nicht leicht.
Das Mahayana gilt allen,
Doch der Bodhisattvapfad ist
Nur einer unter vielen,
Selbst wenn er das Mahayana charakterisiert.

Schwer!
Ja der Pfad ist schwer,
Aber voll karmischer Ehr.
Lerne Geduld. Übe Geduld.
Lerne geduldig. Übe geduldig.
Der Pfad wartet auf dich
Wie die Mutter auf ihr Kind.

Jedes Leben

Leben um Leben streben
Auf Buddhas Wegen,
Das ist das Ziel
Der Bodhisattvas.

Helfen und helfen
All denen, die Hilfe wollen,
Das ist das Ziel
Der Bodhisattvas.

Gutes Karma hier,
Gutes Karma da,
Das ist der Pfad
Der Bodhisattvas.

Alles geben und
Niemals damit aufhören,
Das ist der Pfad
Der Bodhisattvas.

Buddhas Weg
Und Karmas Pfad
Gelten allen Bodhisattvas
Als rein und wahr.
So streben sie in jedem Leben
Nach geben und vergeben.

Am Ende

Geduldig
Aber pausenlos
Streben die Bodhisattvas.

Innerlich kühl
Im Feuersturm
Der Begierdewelt.

Kein Herz unberührt
Vom Leid der neuen Zeit.
Nur die Bodhisattvas lesen
Die alten Buddhaschriften
Und transformieren ihre Sinne
Für die heutigen Menschen.

Dharma heilt,
Also seid bereit.
Dharma leitet,
Wenn ihr offen seid.
Dharma bringt
Überweltlichen Gewinn.

Fünf Silas

Mein Traum
Von fünf Silas.
Mein Traum vom
Bodhisattvapfad.

So klein und
Ganz allein.
So verloren und
Oft betrogen.

Wandel
Braucht Zeit.
Wahrer Wandel
Heilt.

Kommen
Ohne zu gehen.
Wahres sehen.
Geschlossene Augen.

Fünf Silas
Der Bodhisattvas.
Ein Level
Auf dem Pfad.

Kreisen

Wesen leiden.
Feige schweigen.
Bodhisattvas sprechen,
Um sie zu retten.

Lauf ziellos
Durchs Weltchaos
Oder folge
Buddhas Worten.

Verlust schmerzt.
Materieller Wert.
Wahre Schätze
Sind fünf Grundsätze.

Der Buddhas
Wahre Agenda
Ist das Glück
In jedem Stück.

Denn jene leiden
In Samsaras Kreisen,
Bis sie verstehen
Und Tieferes sehen.

Überall

Wir warten überall?
Das ist die perfekt Zeit,
Um überall den Schwur
Der Bodhisattvas zu schwören.

Vierfach ist das Gedicht
Der Bodhisattvas.
Überall und jederzeit
Können wir es rezitieren.

Überallhin schleppen
Wir unseren diskursiven
Geist mit, also können
Wir überall das Gebet
Der Bodhisattvas aufsagen.

Überall leiden die Wesen.
Überall wirkt Verblendung.
Überallhin kriecht der Hass.
Überall fesselt uns die Gier.
Deshalb müssen Bodhisattvas
Überall wirken und
Überall den Dharma lehren.

Tote Gier

Mehr und mehr
Rafft die Gier.
Mehr und mehr
Raubt sie wahre Liebe.

Menschen werden
Hohl, flach, oberflächlich.
Menschen verschließen
Sich vor Buddhas Licht.

Sie glauben Gold,
Besitz und Geld
Bringen wahres Glück
Und dann tötet sie
Die Depression.

Suizid und Sucht
Sind Normalität
In der Oberschicht.
Denn sie sehen
Nicht das wahre Licht,
Welches Mitgefühl
Und leere Weisheit ist.

Die Bodhisattvas
Treten ihrem Club bei,
Aber nur aus bloßem Schein.
Denn sie wollen ihnen den Weg
Zu wahrem, anhaltenden Glück zeigen.

Acht

Sorgen kennt die Welt.
Nöte kennt die Welt.
Krieg kennt die Welt.

Aber sie vergisst,
Dass es einen Pfad gibt,
Der von den Kriegen, Nöten
Und Sorgen wegführt.

Das ist der
Bodhisattvapfad,
Denn in ihm ist
Buddhas Lehre wahr.

Folge den Spuren der Großen:
Akashagarbha, Kshitigarbha,
Vajrapani, Samantabhadra,
Avalokiteshvara, Maitreya,
Manjushri und Nivaranavishkambin.

Acht große Fahnen
Wehen im Wind.
Sie tragen die neuen
Bodhisattvas geschwind
Die Stufen hinauf
Bis zum erwachten Lebenslauf.

Sieh hin!

Niemals umkehren.
Nicht einmal zurücksehen,
Sobald du deine Schritte
Auf den Pfad der Bodhisattvas
Setzt.

Es gibt Mahayana,
Aber vergiss die Worte.
Es gibt den Abidhamma
Und das ist hilfreich.

Aber die Wahrheit ist:
Buddha ist dein Licht
Und es strahlt aus
Deinem Innersten.

Glaube nicht
An die Buddhas der Welt.
Glaube endlich
An den Buddha in dir selbst.

Du bist das Licht;
Nur du siehst dich selbst
Noch nicht.
Blind bist du
Und irrst durch die Welt:
Setz dich hin,
Meditier und finde
Dein wahres Selbst.

Zwei Welten

Sie haben mir den Boden unter den Füßen weggezogen, aber ich will nicht mit Hass reagieren. Sie ließen mich spüren, wie stark sie sind und mein Körper klappte zusammen. Aber ich will nicht den Weg der Rache gehen. Der Kreislauf der Gewalt herrscht seit der Urzeit in unserer Gesellschaft. Es ist Zeit für einen neuen Weg. Es ist Zeit für den achtfachen Pfad der Bodhisattvas.

Hass, Wut und Rache sind einfach. Es kostet nichts, ihnen zu folgen. Sie betäuben den Schmerz schnell und verleihen das Gefühl der Überlegenheit. Aber was ist ihr Preis? Eine Welt des Hasses ist kalt und wird von Angst reagiert. Eine wütende Gesellschaft droht ständig zu explodieren und in einer Welt voller Rache stehen wir täglich vorm Abgrund und sehen der Gefahr potentieller Gewalt ins Gesicht, die urplötzlich wie ein Orkan über uns hereinbricht.

Es gibt einen anderen Weg, der voll von Liebe und Verständnis ist. Es gibt einen anderen Pfad, der sogar achtfach ist. Es gibt eine bessere Welt, in der die ganze Menschheit zusammenhält. Es gibt ein helles Licht, das den Frieden bringt und dessen Name Buddha-Dharma ist.

40

Ausstieg

Tränen wehen.
Blut fließt.
Die Erde kennt
Zuviel Krieg.

Nur im Frieden
Steckt der Sieg,
Deshalb ist er der
Bodhisattva Ziel.

Nur im Vergeben
Können wir leben,
Deshalb ist es das, was
Die Bodhisattvas lehren.

Nur im Lieben
Finden wir Frieden,
Deshalb ist es das, was
Die Bodhisattvas fühlen.

Waisenkinder.
Unerhörte Weise.
Ewig kreisen
In Samsaras Karussell
Des Leidens?

Eine Insel

Wir sind
Inmitten einer
Grenzenlosen Welt.
In jedem von uns
Steckt ein Held
Und eine Heldin.

Bodhichitta ist die Fackel
In der dunklen Nacht,
Die der Bodhisattva ergreift,
Um den Wesen den Weg zu weisen.

Bodhichitta ist die Burg,
Zu der die Bodhisattva zieht,
Um die Wesen zu beschützen.

Bodhichitta ist das Schiff,
Welches die Bodhisattvas nutzen,
Um die Wesen ans andere Ufer zu führen.
Bodhichitta ist die Brücke,
Über die die Bodhisattvas ziehen
Und keinen zurücklassen.

Bodhichitta ist der Turm,
In dem die Bodhisattvas ruhen,
Wenn der Sturm die Welt ertränkt
Mit Gier und Hass.

Wimpernschläge

Karma
In jedem Augenblick.
Karma
In jedem Wimpernschlag.

Milliarden Javana.
Abidhamma.
Puzzleteile.

Bodhisattvas
Kämpfen sich
Durch Gedankenwelten
Der tausenden Jahre
Buddhistischer Geschichte.

Jeder Moment
Besteht aus endlosen Teilen.
Selbst die kleinste Zeit
Zerfällt in Anfang und Ende
Und wird leer.

Wo ist der Bodhisattva
In einer leeren Welt?
Wo findet sich Leid
In einer leeren Welt?

Wie viele

Wie viele Leben?
Wie viele Kalpas
Muss der Bodhisattva
Streben?

Wie viele Jahre
Vergehen zwischen
Den Leben?

Wie viele Schwüre
Muss die Bodhisattva rühren,
Um die Tiefe von Buddhas
Lehre zu berühren?

Wie viel Glück
Liegt in einem Stück
Der Hilfsbereitschaft,
Die vollkommen egolos ist?

Wie viele Gedichte
Musst du lesen,
Bis du wirklich
Bodhisattva bist?

Ein Schiff

Niemand kann
Und doch lächelte der Buddha.
Niemand kann die Welt retten:
Doch hätte der Buddha gelächelt,
Wenn er nicht das Ende allen Leidens
Für alle Wesen gesehen hätte?

Wir Bodhisattvas
Sind ein Fahrzeug.
Wir Bodhisattvas
Sind ein Himmelsschiff.
Wir Bodhisattvas
Sind der Tau eines erwachten Morgens.

Eine Schule.
Eine Tradition.
Ein Pfad.
Bodhichitta.

Gewahrsein.
Achtsamkeit.
Versenkung.
Nirwana.

Vertrau auf sein Lächeln.
Vertrau seinen Mudras und Mantras.
Vertrau seinen Zeichen!

Nur zwei Hände

Meine Tage sind hart,
Aber ich spüre:
Ihre sind härter.

Ich fühle mich allein,
Aber ich weiß,
Da draußen sind welche
Wirklich allein und stecken
In der größten Scheiße.

Ich schwor
Den Bodhisattvaschwur.
Ich glaube daran,
Etwas zu bewirken.
Doch die Wahrheit ist:
Ich bin ein kleines Licht
Mit nur zwei Händen.

Gern würde ich
Das Gewicht der Welt tragen.
Aber das ist ein Traum.
Gern würde ich
Alles Leid beenden.
Aber das ist Illusion.

Nur aufgeben kann ich nicht.
Nicht für mich. Nicht für sie.
Probieren muss ich es,
Selbst wenn es aussichtslos ist.

Ein Schwur

Wünsche treiben.
Träume weiden.

Ein Schwur
Spielt die Hauptfigur.

Schwur der Bodhisattvas
Bringt Nirwanas Einlass.

Schwur des Mitgefühls
Ist Buddhas Molekül.

Schwur der Herzen
Gegen die Schmerzen.

Schwur der Weisheit,
Der das Leid heilt.

Den Schwur gesprochen
Und lebenslang versprochen,
Alles zu tun,
Um ihn zu erfüllen.

Hehre Heere

Keine Chance.
Kein Glück.
Nur Lektionen.

Harte Tage.
Schwere Jahre.
Lektionen
Der Vergänglichkeit.

Selbst die
Schlimmste Zeit vergeht.
Selbst das
Größte Glück entsteht
Aus dem Wandel.

Versenkt
In Leere
Warten die
Bodhisattvaheere
Auf die Chance,
Gutes zu tun,
Wo immer die
Unbeständigkeit Leid sät.

Karmakonto

Am Ende
Steht Karma.
Ein Konto,
Das dich durch
Den Bardo führt.

Bodhisattvas wählen
Die Grenzscheide zwischen
Parinirvana und Wiedergeburt.

Bodhisattvas wählen
Das Mahayana
Der Bodhisattva-Schule.

Bodhisattvas
Wählen Mitgefühl
Und Weisheit.

Am Ende steht
Dein Karmakonto.
Am Ende zählt
Dein Bodhisattva-Schwur.

Gier und Hass

Gefangene des Hasses
An den Ketten der Wut
Schießen sich mit den Kugeln
Des Zorns tot.

Opfer der Gier.
Knechte der Sucht.
Ihr blindes Wollen
Führt sie in den Tod.

Der Bodhisattva erwacht.
Die Bodhisattva lacht.
Gier und Hass haben
Sie abgestreift.

Sie tanzen im
Erwachten Kleid
Und eilen die Stufen hinauf
Und strahlen ohne Leid.

einmal muss ich noch

Ein letztes Mal
Die alte Qual

Geboren aus Karma
Vollständig verloschen
Und das Ich übertroffen
Auf allen vieren
Zum Nirwana gekrochen

Leere Lehre
Über Buddhas Ehre
Und Tantras Gewebe

Sutras studieren
Buddha Statuen verzieren
Bodhichitta generieren

Die Bodhisattvas sind
Buddhas Kind
Die Bodhisattvas finden
Die heiligen Wege

Heilende Worte

Oberflächliche Worte
Führen zu oberflächlichen Orten
Im Kreislauf der Geburten.

Deshalb wähle die tiefe Lehre
Der heilenden Lehre
Der großen Bodhisattvas.

Lach nicht über ein Gesicht,
Nur weil es anders ist,
Sonst lachen sie bald über dich.

Sprich mit lieber Zunge
In der Menschenmenge,
Statt mit Worten zu kämpfen.

Verstricke dich nicht in Ränke.
Vermeide verbale Zänke.
Lass deine Zunge in Liebe
Fliegen zu Buddhas Siegen.

Wiedergeboren

Ihr Gesicht
Im Spiegelbild
Fragt sie sich,
Ob sie eine wiedergeborene
Bodhisattva ist?

Zeichen kamen
Mit Weisheit.
Wunder geschahen
An helllichten Tagen.
Erkenntnisse blitzten
Im reinem Gewissen.

Ein Herz aus Gold,
Das den Wegzoll
Lange vor diesem
Leben zahlte.

Ein waches Herz,
Welches den Wert
Jedes Wesens schätzt
Und welches am lebendigen
Mitgefühl wächst.

Acht

Bodhi
Bodhichitta
Bodhisattva
Bodhisattvapfad
Bodhisattvaschule

Lang ist der Pfad.
Acht Schritte lang.
Manchmal Millionen Leben.

In einem Moment
Beginnt der Strom.
In einem Moment
Wirkt der Bodhisattva-Schwur.

Lang ist der Weg.
Acht Stufen hoch
Steigen wir bis zur
Buddhaschaft.

Weben

Träume wehen
In den Weiden.
Weise weben
Die Bodhisattvas
Das Heilen.

Ein Tag
Ohne helfen,
Ist ein Tag
Ohne Dharma.
Jeder Tag
Wird zum Bodhichitta.

Geist und Körper:
Heilsame Wörter
Weisen den Weg,
Auf dem es für beide
Gut ausgeht.

nur du

Allein
Im Kämmerlein
Auf dem Kissen.

Nur du
Und das endlose
Weltall.
Nur du
Und dein Schwur.

Einst war.
Jetzt ist.
Was birgt
Das Zukunftslicht?

Leiden bleibt
Als Teil der
Vergänglichkeit.
Leiden ist
Ein Teil des Ichs.

Bodhisattvas hören
Und schwören,
Niemals zu verlöschen,
Bis das letzte Wesen
Frei von Leiden ist,
Denn das ist der
Bodhisattva Gesetz.

Klein und fein

Wir haben so viel
Und tun so wenig.
Wir sind fast am Ziel
Und brauchen
Nicht mehr ewig.

Doch Faulheit
Und Müßiggang.
Das feige Schweigen
Und höhnisches Lachen.

Lebt und gebt,
Aber lebt nicht
Und begeht Lied
Gegen eure Liebsten.

Bodhisattvas wachen
Und sie erschaffen
Neue Arten des Buddhapfades.
Bodhisattvas bringen
Und lassen das Wort
Der Buddhas erklingen.

Buddhas Gesetz

Schmerz.
Leid.
Geschrei.
Unwert.

Samsaras Gesetz
Ist gebaut aus Hass,
Angst und Gier.

Buddhas Pfad
Ist anders wahr,
Denn er ist frei
Von Hass und Gier.
Er ist frei von Leid.

Bodhisattvas erkennen
Und dann rennen
Sie mit aller Macht,
Den Buddhapfad
Entlang.

Dharmas Macht

Wenn der Bodhisattva spricht,
Strahlt das Buddhalicht.

Wenn der Bodhisattva lacht,
Erwacht Dharmas Macht.

Wenn die Bodhisattva tanzt,
Dann fängt das Erwachen an.

Leere Handlung.
Leere Worte.
Leere Gedanken.

Ein Bodhisattva erscheint
Und beendet alles Leid.

Eine Bodhisattva hilft
Und der Planet chillt.

Die Bodhisattvas lehren
Das wahre Geben.

Tage

Hilfsbereit
Opferbereit
Allzeit bereit
Das ist die Zeit
Aller Bodhisattvas

Wir wollen leben
Um zu geben
Wir nehmen
Um nach Größerem
Zu streben

Die Liebe
Ohne sexuelle Triebe
Schafft Harmonie
Und erschöpft nie
An Güte und Mitgefühl

Dein letzter Tag

Dein letzter Tag
Wird kommen und
Dein Leben wird
Verlöschen

Wer willst du sein
In deinem letzten Blick
Zurück, bevor der Rest
Des Lebenslichts verlischt?

Warst du nur ein
Stumpfer Konsument
Der bei allem zugeguckt hat
Ohne etwas zu tun

Warst du die kleine
Schüchterne Frau die
Sich nie irgendwas
Hat getraut

Oder warst du Teil
Der Bodhisattvas und hast
Bis zum letzten Augenblick
Für eine Ende des Leidens
Gekämpft?

Wacht auf!

Tränen rollen.
Blut fließt.
Das ist das
Samsarische Gesetz.

Der Mörder kam
In der Nacht und
Hat sie umgebracht.
Ein kranker Mann
Hat sich an Kindern
Sexuell vergangen.
Nicht ein Reiskorn
Oder nur ein Tropfen
Sauberes Wasser;
Alles hat die Fabrik
Genommen.

Diese Welt ächzt,
Weil du weiterschläfst.
Wach auf und bau
Die Bodhisattva-Schule auf.

Leeres Nirwana

Im stillen Kellerlein
Meditier ich allein.

Ich will mit
Den Bodhisattvas sein.
Ich will mich
Mit Bodhichitta vereinen.

Ein Pfad
Aus acht Teilen.
Wahrheit mag
Vierfach sein.

Der Buddha war
Und lehrte Dharma.
Er erlosch ohne Karma
Im heiligen Nirwana.

Bodhisattvas streben
Auf Buddhas Wegen.
Bodhisattvas wagen
Den achtfachen Pfad.

Zusammengekauert vor Hunger

Ihr Körper gebrochen
Vom Hunger
Der Stuhl so trocken
Ohne Wasser

Hunger auf der Welt
Die genug Geld
Und Ressourcen hält
Um alle zu versorgen

Seuchen kriechen
Während Medikamente
Verschlossen liegen

Ungerecht ist die Welt
Weil Gier ihr Meister ist
Darben tut die Welt
Weil Hass dirigiert

Sieh Bodhisattvakind
Dass du einen Weg findest
Das zu ändern

Traumfänger

Träume über
Eine bessere Zeit
Reichen weit

Doch geboren
Aus der Vergangenheit
Wächst das Leid
Immer weiter

Verblendete Gedanken
Sind Schranken
Für die bessere Zeit
Sie sind wenig hilfsbereit
Und emotional eiskalt

Hass und Gier
Zerstören jede Harmonie
Wir müssen sie besiegen
Um in Frieden zu leben

Der Bodhisattva flieht
Aus der falschen Realität
Und taucht ein
In Buddhas Reich

Zuflucht

In der Zuflucht
Ruht die Macht,
Die Welt hinter sich
Zu lassen.

Spürst du die Nöte
Des Geldes der Welt?
Fühlst du die Sorgen
Der materiellen Welt?
Dann weil deine Zuflucht
Noch nicht vollständig ist.

Nimm sie an:
Nimm die drei Juwelen!
Folge ihrem achtfachen Pfad,
Lerne die Tiefe der
Vier Wahrheiten kennen.

Die Zuflucht zu Buddha befreit.
Sie heilt alles Leid.
Kein Bosheit teilt
Mehr dein Herz.
Du wirst befreit
Von allem Schmerz.

So schwört der Bodhisattva
Bei all seinem Karma
In jedem kommenden Moment,
Zuflucht zu nehmen
Zu den drei Juwelen.

Ein Licht

Immer weiter
Geht der Bodhisattva.
Wenn alle straucheln;
Wenn alle zweifeln;
Wenn alle im Angstschweiß zerfließen,
Geht der Bodhisattva weiter.

Die Bodhisattva spricht
Für den Schutz jedes Kindes:
Für jedes Menschenkind,
Für der Tiere Kinder und
Selbst für die Kinder
Der Wälder und Wiesen.

Die Familie der Bodhisattvas
Entzündet die Kerze
Des Buddhalichts in der Welt.
Ein kleines Licht,
Das heller strahlt,
Als alle Sonnen des Universums.
Öffne deine Augen:
Buddha war da.
Buddhas Lehre ist wahr und
Die Bodhisattvas sind nah.

Viele sind mit dir

Einer von Millionen.
Eine, die mitten
Im Fahrzeug der
Bodhisattvas steht.

Allein zu sein
An einem Ort,
Ist was Karma hat
Für dich erwählt.

Was ist der Sinn
In dem, was um dich
Geschieht? Warum hat
Karma dich an diesen Ort geschickt?

Millionen Bodhisattvas
Wandeln auf Erden.
Viele sind allein und
Werden es bleiben.
Karma hat sie geschickt,
Damit das globale
Buddhafeld glückt.

Ich schwöre

Ein Schwur entweicht
Ins Himmelreich.
Göttin, dir schwöre ich
Bei Buddhas Licht,
Ich höre auf dich
Und wähle den Bodhisattvaweg.

In den Sternen
In den Universen
In dem dreitausendfachen
Weltensystem

Ein kleines Licht
Brennt unter meinem kleinen Ich,
Es ist mein wahres Ich,
Weil es leer ist.

Immerzu

Ein Augenblick
Für dich
Ein Auge blickt
Und bittet dich

Der Moment vergeht
Karma entsteht
Und weht Leben
Für Leben

Hilf dem Knilch
Und der alten Frau
Und bedaure
Wenn du es nicht getan

Gib mit Herz
Hilf den Schmerz
Zu überwinden
Mit Dharmas Wert

An alle Bodhisattvas

Bodhisattvas
Aller Länder brauchen
Sich nicht vereinen,
Denn der Dharma der Buddhas
Eint sie jederzeit.

Bodhisattvas
Aller Erdteile brauchen
Sich nicht zu streiten,
Wenn sie wirklich ehrlich
Den Dharma des Buddha
Üben.

Bodhisattvas
Aller Herzen brauchen
Sich nicht zu verstecken,
Wenn sie ihrem Mitgefühl
Ausdruck verleihen.

Bodhisattvas
Aller Zeiten brauchen
Sich nicht zu fürchten,
Sobald sie in den Strom
Getreten.

Seit Ewigkeiten

Buddhas Tage fern.
Klein leuchtet der Stern
Des Dharma in der Welt.
Zugleich fressen Hass
Und Gier uns auf.

Einer Sonne gleich
Erstrahlte seine Zeit,
Als er lehrte.
Gier und Hass flohen,
Während Hoffnung
Ward geboren.

Zweitausend Jahre her
Ist diese Lehr.
Noch immer herrscht der Hass,
Noch immer regiert die Gier:
Weil wir Bodhisattvas schlafen
Und nicht erwachen.

Glückskinder

Auch der Bodhisattva
Tanzt und lacht.
Vergiss das nicht,
Wenn du zu verbissen bist
Auf deinem Übungsweg.

Lach und strahl;
Nimm es leicht.
Gib dich hin
Und entspann.

Wir sind keine Maschinen,
Auch wenn wir täglich streben.
Wir vergessen nicht
Die schönen Dinge im Leben.

Glück gibt es in
Groß und klein.
Klar ist das Glück
Der Mediation rein
Und hält langer als
Der Alltagsspaß.

Dennoch lass zu,
Dass du lachst
Und Spaß hast.

Buddhafeld

Die Welt hat mehr Tränen vergossen
Als Wasser in den Ozeanen.
Die Menschen haben mehr Blut gelassen
Als Wasser in den Flüssen.

Kein Tag vergeht,
An dem nicht ein Mord geschieht.
Keine Nacht vergeht,
In der nicht eine Frau
Vergewaltigt wird.

Das ist die Welt.
So war es und wird es sein,
Bis zu dem Tag, da
Das Buddhafeld wahr
Geworden ist.

Also worauf
Wartet ihr Bodhisattvas:
Baut es auf!

Totes Land

Tränen im Wind.
Hungernd im Sand.
Ein sterbendes Kind
Fleht mit letzter Kraft.

Wo ist das Ohr, das hört?
Wo ist das Auge, das weint?

Ströme aus Blut.
Mörser und Granaten trommeln.
Verlorener Mut.
Ohne hoffen.

Wo ist der Mensch, der fühlt?
Wo ist das Herz, das spürt?

Dürre raubt alles.
Frauen greinen am Rand.
Er verlor alles
Im sinnlosen Kampf.

Wo ist der Bodhisattva, der hilft?
Wo ist das Bodhichitta, das transzendiert?

Nackter blutiger Leib.
Spermiges Gelächter.
Erniedrigtes Weib.
Welt der Männer.

Wo ist der Mann, der gleicht?
Wo ist die Frau, die siegt?

Folge seinem Vorbild!

Erst als er schwor,
Zu suchen, bis alle Wesen
Vom Leid befreit sind,
Verwandelte sich Shakyamuni
In einen Bodhisattva.

Erst wenn du schwörst,
So lange zu suchen,
Bis du einen Pfad gefunden hast,
Auf dem das Leid aller Wesen endet
Und sie glücklich leben;
Erst dann bist du
Ein:e Bodhisattva.

Ein Schwur
Seit alter Zeit
Macht die Bodhisattvas
Für den großen Pfad
Bereit!

Großgeistig

Kleingeistig
Wird das nix

Nur ein weiter Verstand
Besitzt die Macht
Die Wahrheit zu erfassen

Nur Großherzigkeit
Erkennt den Wert
Der Menschlichkeit

Nur grenzenloses Mitgefühl
Kann alle Wesen
In die Freiheit führen

Kleingeistig wirst
Du scheitern oder
Die andern erheitern
Mit Idiotie und Stumpfsinn

Deshalb Bodhisattvas
Macht euren Geist groß

Zeugen

Sie sieht
Er hört

Eine Welt stirbt
Oder steht am Abgrund

Nachrichten
Mit schlechten Nachrichten

Krieg, Klima
Und Kollaps der Industrie

Hunger, Seuchen
Und andere Neuigkeiten

Sie sieht
Er hört
Bodhichitta

Beide werden
Bodhisattvas

Lächelt!

Ein kleines Lächeln
Und du rettest die Welt.

Eine übermüdete Mutter,
Die nicht mehr weiß,
Wo ihr Platz in der Gesellschaft ist
Und ob sie alles richtig macht:
Ein Lächeln von dir und
Sie fühlt sich wieder richtig am Platz.

Der alte Mann,
Der ein Leben lang
Geschuftet hat,
Bis sein Körper einfach aufgab
Und der am Stock geht Tag und Nacht,
Fühlt sich wertlos.
Du lächelst ihn an und
Er spürt das Band der Generationen,
Das sich sicher und warm
Und wertgeschätzt anfühlt.

Kinder des Buddha lächelt.
Kinder des Dharma schenkt
Ihnen euer schönstes Lächeln.
Bodhisattvas aller Richtungen
Heilt die Welt mit weisen Lächeln.

Träumerin

Nur einer,
Der nach den Sternen greift.
Nur eine,
Die die ganze Welt retten will.

Es beginnt mit einem kleinen Traum. Da ist nur eine zarte Regung in unserem Geistesstrom. Aus den Tiefen unseres Unterbewusstseins drängt es ans Licht. Es manifestiert sich in Bildern und Visionen und es verfestigt sich.
Nach und nach nimmt der Traum Gestalt an. Er drängt dazu, in die Realität zu treten. Er will sich in der echten Welt manifestieren. Wir sehen plötzlich Möglichkeiten und Chancen, Dinge zu wagen, die wir nie zuvor erkannten. Dann formt er sich. Was begann als kleines Gedicht wird zu einer langen, epischen Geschichte. So wird aus unseren beiden Bodhisattvas ein Heldengespann, das die ganze Welt verändern wird, indem es Weisheit und Mitgefühl sät.

Am Anfang ist es nur einer.
Am Beginn steht nur eine.
Am Ende ist es die ganze Welt.

Zwei Bodhisattvas und die Wahrscheinlichkeit

Der Bodhisattva kleines Licht sagte zur Bodhisattva großer Funke: jeder Mensch muss eine Wahrscheinlichkeit größer Null haben, dass er oder sie den Weltfrieden initiieren kann. Die Frage ist nur, wie sorge ich dafür, dass ich die maximal größte Wahrscheinlichkeit erreiche, die mir unter meinen Lebensbedingungen möglich ist?
Die Bodhisattva großer Funke nickte verstehend.
Der Bodhisattva kleines Licht fuhr fort: Bei jedem Schritt in die Zukunft sind wir ein Spiel der Wahrscheinlichkeiten. Was aber ist es, was die Wahrscheinlichkeit des Erwachens mit sich bringt?
Die Bodhisattva großer Funke überlegte. Dann setzte sie sich hin. Ein Kalpa und viele Leben lang saß sie. Dann sagte sie zum Bodhisattva kleines Licht: Es ist die Absicht und deshalb ist es das zweite Glied des achtfachen Pfades unseres Lehrers Shakyamuni.

81

Drei Kalpas

In der Nacht,
Am helllichten Tag,
Überall übt die Bodhisattva.

Bei Glück und
Im größten Stück Scheiße
Übt der Bodhisattva.

Jeder Tag.
Jedes Jahr.
Jedes Leben.
Jedes Kalpa.

Drei Kalpas lang,
Besagt die Bodhisattva Sage,
Dauert der Weg auf dem
Bodhisattva Pfad.

Welch Glück,
Welch Meisterstück,
Wenn die Zeit uns überschüttet
Mit endlosen Chancen
Und Möglichkeiten.

Karmagold

Bodhisattvas helfen
Allen Wesen.
Es gibt kein Leben,
Was der Hilfe nicht wert ist.

Selbst das böseste Ding
Braucht Hilfe in Form
Von Weisheit.
Denn Karma bestraft Bösartigkeit
Mit Bösartigkeit.

Ihr erntet, was ihr sät
Und doch ist Karma komplex;
Viel komplexer als es dieser Spruch
Vermuten lässt.

Also sprich nicht von Karma,
Als ob du verstehst.
Übe einfach nur Dharma,
Denn nur der Buddha versteht,
Die Wege des Karma vollständig.

Sieben Jahre

Sieben Jahre
Voll von Tagen
Der Qual und
Irrungen bevor
Der Bodhisattva zum
Buddha ward.

Er ging mit nichts
Und kam als Buddha zurück.

Wie viel Mut hat er gehabt?
Wie sehr hat er an sich geglaubt
Und wie doll hat ihn
Das Nirwana gerufen?

Heute sind wir
Und rufen seinen Namen.
Heute meditieren wir
Und wandeln in seinen Fußstapfen.
Heute praktizieren wir,
Um wie er zu erwachen.

Sieben Jahre gab er alles.
Sieben Jahre suchte er.
Rehe und zwei und fünf hörten
Seine ersten Wörter.

Alles und nichts

Mit nichts kommt der Bodhisattva auf die Welt. Mit allem
zieht er in seine Mission, alle Wesen vom Leiden zu
befreien, damit sie glücklich leben können.
Mit nichts startet die Bodhisattva in ihr Abenteuer. Mit
allem strahlt ihr Herz, denn sie weiß um den Wert vom
verstehenden Mitgefühl.
Mit nichts zog Siddhartha in die Hauslosigkeit. Mit allem
kam er zum Palast seines Vaters zurück, denn er war zum
Buddha erwacht und kannte den Weg, der jede:n aus dem
Leiden führt.
Mit nichts starten wir in unsere Zukunft. Mit allem setzen
wir Schritt für Schritt, sobald unsere Zukunft vollkommen
ist.
Mit nichts startest du. Mit allem wirst du das Ziel erreichen,
erleuchtet strahlen und nie wieder leiden.

85

Kinder der Erde

Bodhisattvas der Erde
Ergreift Buddhas Erbe.

Bodhisattvas der Welt
Wählt Karmas Geld.

Bodhichitta schickt
Buddhas Licht.

Bodhisattvas ehren
Buddhas Lehre.

Kostbare Stunden.
Dreht keine sinnlosen Runden.
Jeder Moment zählt.
Seid im Hier und Jetzt!

Verträumt nicht euer Leben.
Verspielt nicht die Chancen,
Die euch gegeben.

Wenn das Licht in euch strahlt,
Weil Buddha einst gelacht;
Dann nutzt die Tage und
Wenn es sein muss die Jahren
Und erwacht!

Bodhisattvababys

Kleine Triebe im blonden Haar.
Wilder Sturm unter dunkler Haut.
Blau oder braun glänzen ihre Augen.

Wer hätte geglaubt,
Dass diese Kinder
Bodhisattvas sind?

Doch Bodhichitta
Ist ihnen in die Wiege gelegt.

Bodhichittas Dharma
Webt ihr Karma und
Begleitet sie auf jedem Schritt,
Der vor ihnen liegt.

Bodhichittas Kinder
Sind nicht gesünder
Und doch leuchtet ein Licht
Auf ihrem Weg.

Bodhichittas Kinder
Sind nicht klüger,
Aber sie sind mitfühlender
Und lassen daraus
Verstehen entstehen.

Da draußen

Wo auch immer du bist
Bodhisattva Kind,
Höre nicht auf
Dem Buddha zu folgen.

Wo auch immer du bist
Bodhisattva Maid,
Höre nicht auf das Leid
Zu analysieren.

Wo auch immer du bist
Bodhisattva Kerl,
Vergiss nie den Wert
Von Buddhas Weg.

Wir sind immer hier und jetzt
Und doch ist
Das dreitausendfache
Weltsystem.

Wir sind immer nur dies ich
Und doch ist es leer
Von inhärentem Sein.

Wir sind eines von Billionen Wesen,
Die auf dieser Erde leben.
Einzig das wir schworen,
Niemals aufzugeben,
Bis alle in Frieden leben,
Macht uns besonders.

Keinen Tag Pause

Der Weg ist schwer,
Voll von Steinen und Hindernissen.
Doch das Leiden Samsaras
Wiegt schwerer.

Der Bodhisattva muss wissen,
Wie viel Mühe und Schweiß
Ihn auf dem Weg erwarten;
Aber er darf sicher sein,
Das Leiden Samsaras ist härter.

Die Bodhisattva muss begreifen,
Dass sie keinen Tag aussetzen darf
Auf dem Pfad des Dharma,
Aber sie muss auch verstehen,
Dass das Leiden in Samsara
Noch länger andauert.

Die Familie Bodhichittas
Ist jeden Tag eine Familie.
Die Bodhisattvas sind
Jeden Augenblick verbunden.
Shakyamuni Buddha wirkt
Jederzeit durch den Dharma!

Nimmer

Keine Sekunde
Dürfen die Bodhisattvas
Ruhen.

Kein Wesen
Ist es nicht wert,
Gerettet zu werden.

Kein Moment
Vergeht, ohne eine Chance
Zu helfen.

Keiner von euch
Ist unfähig, den Bodhisattva Weg
Zu wählen.

Keiner kann allein
Das große Ziel des Buddhafeldes
Erreichen.

Wahre Orte

Buddha strahlt
Und die Welt lacht.

Falls Mara siegt,
Wirst du untergehen.

Der wahre Hort
Ist der Herzensort.

Das wahre Glück
Lebt im Augenblick.

Wenn du siehst,
Was deine Filter sehen,
Wirst du das Wahre übersehen.

Wenn du fühlst,
Was deine Gier will,
Wirst du unglücklich werden.

Wenn du folgst,
Wie dein Hass befiehlt,
Wirst du Gewalt erleben.

Bodhisattvas sucht Buddha
In euren Herzen!
Das ist alles.

Aufrichtigkeit

Mit kühnem Blick
Sieht die Bodhisattva
Ins Zukunftslicht.

Ihr Schwur war echt.
Ihr Herz ist gerecht.
Ihr Wille ist rein
Und will Buddhina sein.

Ihr Lid hebt sich
Und schaut ins Licht.
Ihr Atem strömt
Und sie hat erhört
Des Buddha Ruf.

Sie ist jung
Und noch gesund.
Doch auch alt und krank
Schwört sie zu streben
Auf allen Wegen,
Zu denen sie das Karma schickt.

Hört zu!

Wenn der Bodhisattva fällt,
Dann zerfällt die Welt
In Schutt und Asche.

Wenn die Bodhisattva aufgibt,
Dann werden wir alle verlieren,
Denn ihr Herz ist das Feuer
All der Treuen.

Wenn die Bodhisattvas straucheln,
Werden wir alles brauchen,
Denn sie sind die Säulen der Erde.

Wenn du ein Bodhisattva bist,
Dann höre dies Buddhakind:
Gib niemals auf,
Gib niemals nach auf dem Pfad.
Zweifel nicht und hasse nicht.
Lass jede Regung an Gier,
Dem Buddha gewidmet sein
Und übe das Befreien von Leid
Für jedes Wesen.

Das Licht deines Herzens

Sieh das Licht,
Welches aus dem Tiefsten
Mit deinem Herzen spricht.

Höre die Worte,
Die vom höchsten Orte
Deinen leeren Namen rufen.

Bodhichitta erwacht
In der dunkelsten Nacht
Und es überstrahlt
Alle Dunkelheit.

Das Licht der Bodhisattvas
Heißt Bodhichitta.
Es brennt in ihren Herzen
Heißer als aller Hass und
Heller als jegliche Gier.
Es hat die allmächtige Macht
Die dunkle, harte Nacht
Der Verblendung zu erleuchten.

Der finale Punkt

Es gibt einen Punkt,
Von dem an das Nirwana
Unausweichlich wird.
Dieser Punkt heißt seit
Alter Zeit Stromeintritt.

Doch an der Schwelle
Zum höchsten Erwachen
Hält der Bodhisattva inne
Und sieht zurück auf
Das Glück, welches möglich ist,
Aber die leidenden Wesen vermissen.

Er sieht ihre blinden Augen,
Die an der Inhärenz festhalten
Und ihr wahres Selbst nicht sehen
Und deshalb leiden werden.

So tritt der Bodhisattva zurück
Vom höchsten Glück,
Um wieder in die Welt zu ziehen
Und den Dharma zu lehren.

Immerzu

Jeden Morgen aufstehen
Und darum beten,
Dass ich endlich
Das Buddhalicht seh.

Jeden Tag davon
Träumen zu erwachen,
Um endlich die Schatten
Der Verblendung fortzujagen.

Jeden Moment versuchen,
Dass Bodhichitta in
Mir wachzurufen, damit ich
Die heiligen Stufen
Der Bodhisattvas erklimme.

Jedes Jahr fühlen
Wie mein lebendiges Mitgefühl
Wächst und mehr darum kämpft,
Gutes zu tun und zu heilen.

Tropfen kühlen den Stein

Steter Tropfen höhlt den Stein
Und so wollen wir täglich sitzen,
Wenn es sein muss Leben lang,
Bis wir das große Sehen erlangen,
Mit dem wir verstehen,
Wie wir das Leiden der Wesen
Nachhaltig aufheben.

Wir gehen Billionen Schritte,
Durchschwimmen zehntausende Ozeane,
Üben drei Kalpas lang.

Reicht ein Leben nicht,
Dann wählen wir ein Zweites.
Reicht ein Zweites nicht,
Dann wähle wir das Nächste.

Wahres Sehen und
Heilendes Verstehen.
Erleuchtete Rede
Und erwachtes Tun,
Ohne jemals auszuruhen.

Kummer und Hunger

Selbst allein
Muss der Bodhisattva
Weiterschreiten.

Selbst weinend
Muss die Bodhisattva
Die andern heilen.

Hart ist der Pfad,
Denn Samsara ist hart.
Nackt ist das Leid,
Wenn es brutal
Um sich greift.

Kummer und Sorgen.
Folter und Morden.
Hunger und Inflation.
Sind Samsaras Lohn.

Wählt den Achtfachen.
Werdet zu Ehrbaren.
Heilt das Leid und
Werdet frei.

Wahres Sein

Weil wir Bodhisattvas sind,
Retten wir jedes Kind.
Denn jedes ist ein Gewinn,
Ein Schatz und wunderbar.

Weil wir Bodhisattvas sind,
Kann Hoffnung leben,
Denn wir streben mit
Unserem ganzen Wesen.

Weil wir Bodhisattvas sind,
Gewinnt die Liebe und das
Verstehen gegen Hass, Gier
Und verblendete Sicht.

Weil wir Bodhisattvas sind,
Werden wir nicht untergehen,
Denn wir wandeln auf
Buddhas Wegen geschützt
Von höheren Wesen.

Früchte

Im Herzen der Schmerzen.
Im Auge des Sturms.
Frag dich nicht,
Ob sich der Pfad lohnt!

Buddha ist wahr,
Soviel ist klar.
Das gilt auch
Für seinen Pfad.

Folge und erwache.
Bodhisattvas sind
Auf dem Pfad hinaus
Aus der Nacht der Verblendung.

Wahrheit und Lüge.
Leid und Glück.
Hass und Liebe.
Sarg oder Sieg.

Lerne zu zuhören
Und übe praktizieren.
Lebe das Gelernte
Und erlebe Karmas Ernte.

Wahre Absicht

Weil der Buddha auszog,
Um den Ausweg aus dem Leiden
Für alle zu suchen,
Wurde er der Buddha.

Erst wenn du ausziehst,
Um den Ausweg aus dem Leiden
Für alle zu suchen,
Wirst du eine Buddhina werden.

Konzentrier dich nicht
Auf die Sutras und die Meditation,
Wenn du ein Bodhisattva werden willst,
Konzentrier dich auf die Stärke
Und Ehrlichkeit deiner Absicht,
Den Ausweg aus dem Leiden
Für alle zu suchen.

So einfach.
So simpel.
So ward Shakyamuni
Zum Buddha.

Erdball

Im dunklen Kellerlein.
In der eiskalten Steppenwüste.
Auf dem staubigen Dachboden.
Im schweißheißen Tropenwald.

Die Welt ist rund
Und voller Kulturen.
Leben sprießt in
Milliarden Formen.

Ein kleiner Tropfen
Aus dem Mund des Gurus
Weckt das Licht,
Welches Bodhichitta ist.

Eine sieht. Einer versteht.
Da ist ein Weg. Da ist ein Ziel.
Da ist ein Erwachter,
Der es vollendet hat.

Endlose Szenen im Weltgewebe.
Millionen Wege der Artikulation
In den Millionen Spezies.
Ein Buddhalicht mit der Macht
Alle zu heilen vom Leiden.

Ernährt die Welt!

Kein Licht,
Das unbedeutend
Genug ist.

Keine Brücke,
Die nicht wertvoll
Genug ist.

Kein Brot,
Das nicht nahrhaft
Genug ist.

Der Bodhisattva leuchtet
Den Wesen den Weg.
Die Bodhisattva baut
Den Wesen die Brücken
Zu Buddhas Lehren.
Die Bodhisattvas backen
Spirituelle Brote
Aus dem Korn
Der Buddhasprossen.

Vier Wahrheiten

Das Leben in Ehren
Weben die Bodhisattvas.

Die Kraft des Dankens
Treibt die Bodhisattvas an.

Es gibt einen Pfad.
Es gibt ein Ziel und
Es gibt einen Grund
Zu gehen: Leiden.

Das Leiden ist wahr.
Die Ursachen sind klar.
Die Lösung ist da und
Wartet auf dem Pfad.

Vier Wahrheiten
Und ein Ziel.
Acht Schritte, wie sie
Der Buddha ging.

Lebt den Weg mit Glück
In jedem Augenblick.

Verblendete Seelen

Eine Macht erwacht
Im Land verblendeter Seelen.
Sie durchschneidet die Mär
Von der Inhärenz des Selbst.

Ihr Name ist Bodhichitta.
Ihre Kinder sind Bodhisattvas.
Ihr Wunsch ist das heile Leben
Jedes Wesens.

Leid entsteht und
Kummer webt
Das grässliche Leid
Geistiger Dunkelheit.

Der Berg von Buddhas Licht
Fährt durch die Welt und sticht
Mit gehissten Segeln
In die wilde See der Unwissenheit.

Stürme tosen. Orkane brodeln.
Überall wird krass gelogen.
Aber eines ist wahr:
Es gibt einen Pfad,
Der aus dem Leiden führt
Und Buddha hat ihn gelehrt.

Am Ende

Kein Augenblick
Existiert ohne Buddhas Licht.
Kein Moment vergeht,
In dem Buddha dich nicht sieht.

Sein Auge in deinem Herz
Offenbart den wahren Wert,
Der in verstehendem Mitgefühl lebt
Und über Samsara hinausgeht.

Fußspuren im Sand
Aus einem fernen Land.
Ein unbekanntes Gesicht
Erkennt Buddhas Weg.

Ein neuer Start
Hat auf uns gewartet.
Ein neuer Pfad
Erleuchtet das Wahre.

Kein Schritt zurück
Bis zum höchsten Glück,
Bis Nirwana strahlt
Und Buddha mit uns lacht.

Geschichte

Verblendung ist eine Mauer
Und versperrt die Sicht
Auf das rettende Licht.

Unsere Sinneslüste
Sind Fesseln und
Gigantisch große Ketten.

Wenn wir fliehen,
Dann nur vor uns selbst,
Das uns selbst immer
Wieder einholt.

Ein Kreisel ist der
Kreislauf Samsaras.
Wir beißen uns
Selbst in den Schwanz.

Entkommen gibt es nicht,
Solange du an Inhärenz klebst.
Einen Ausweg gibt es nicht
Ohne Buddhas Gedicht.

Reflexe

Leere leben
Und Dharma geben.

Kluges hoffen
Mit spirituellen
Nährstoffen.

Bodhisamen
Beim Grasen.

Bodhisattvas
Im erleuchteten Nass.

Sanghatage
Offenbaren.

Am Ende steht
Offen der
Buddhaweg.

Soziale Abgründe

Sog, der betrog.
Hass, der auffraß.
Irre, die wirren.
In der Mitte du.

Diese Welt fällt
Alle paar Jahre
Auf dieselben
Lügen rein.

Dann schreien
Alle und machen Krieg
Und schwören sich
Dann nach dem Sieg,
Es nicht wieder zu tun,
Bis der nächste Krieg
Geschieht.

Bodhisattvas mittendrin.
Bodhisattvas leider dabei.
Die Praxis macht frei
Und Verstand gewinnt.

Dreckig

Das Leben rinnt
Wie ein kleiner Fluss,
Doch selbst der kleinste Fluss
Hat mehr Stabilität als wir,
Weil wir so zerbrechlich sind.

Rote und orange Blätter
Fliegen im Herbstwind,
Doch selbst sie haben mehr
Richtung als wir,
Weil wir von unseren Sinnen
Gierig getrieben sind.

Bäumen fallen unter
Den Hieben der Äxte,
So wie wir fallen vom Hass.
Müll stapelt sich ins
Unermessliche und stinkt
Doch nicht so sehr
Wie die Gedanken,
Die wir täglich produzieren.

Wir Bodhisattvas
Sind nicht besser als der Rest,
Auch wir stecken im Klebstoff
Der drei Geistesgifte fest und
Doch legen wir einen Schwur ab,
Um über uns hinauszuwachsen.

Kranker Sarg

Wege ins Unterholz.
Wolken dunklen Regens.
Ein Vulkan spuckt
Und verbrennt ein Dorf.

Tod und Verderben.
Stummes sterben
Und laute Schreie
Wandeln zur Leiche.

Unser aller Tod
Ist Unausweichlich.
Uns allen droht
Der Krankheit Macht.
Wir alle sind verdammt
Zu altern unter den Gewalten
Der vergänglichen Zeit.

Das ist unser Los
Und es ist ausweglos.
Etwas jedoch können wir wählen,
Nämlich ob wir zum Wohl für alle Wesen
Nach Bodhichitta streben.

Handelt endlich!

Sinnenlust brennt.
Hass lässt die Welt flennen.

Wann wacht ihr auf?
Wann nehmt ihr
Eure Arbeit auf?

Ich rede mit euch,
Wenn ihr ein wahres Herz habt.
Ich rufe euch,
Wenn ihr gütig seid!

Folgt dem Ruf der Welt
Von Status und Geld
Oder folgt eurem Herzen
Und wählt wahre Werte.

Wenn ihr fühlt wie ich,
Dann wählt ihr
Den Bodhisattvaweg.

Die harte Wahrheit

Hürden würgen
An unserer Motivation,
Aber gebe es keine Hürden,
Dann würde jede:r
Den Bodhisattvapfad wählen.

Regen und Traufen
Wollen mit Härte
Die neuen Bodhisattvas
Taufen.

Nicht mit Plüschkissen,
Sondern mit Hindernissen
Und Rissen und Bissen
Will uns der Pfad grüßen.

Die Faulen straucheln
Und sie jaulen laut,
Wenn es hart und
Härter wird.

Nur echte Bodhisattvas streben
Auch auf den schweren Wegen,
Denn sie streben in jedem Leben
Nach dem Glück aller Wesen.

Jetzt!

Schnell und brutal
Dringt das Stillet in seinen Hals.
Das Blut spritzt und
Er schreit, als ob es
Um sein Leben geht.
Dann ist er tot.

Sein Speichel tropft
Schmutzig auf ihr Gesicht.
Sein Gewicht ist unerträglich
Und ihr Bauch und Gesicht
Schmerzt von den Schlägen.
Noch immer drückt er ihre Hände zu
Boden, dann vergewaltigt er sie
Gegen ihren Willen mit
Seinem hässlichen Glied.

Erst fielen die Mörsergranaten,
Dann knallten die Gewehrsalven
Und ihre Stellung wurde überrannt.
Jetzt steht er gefesselt im Wald.
Seine Kameraden liegen schon im Sand,
Vom Hinrichtungskommando erschossen.
Er ist der Letzte, bis die Pistole knallt.

Er rennt, doch sie sind zu viele
Und schneiden ihm den Weg ab.
Der Unterricht war vorbei und
Sie haben draußen gewartet,
Um ihn zu jagen. Jetzt liegt er da.
Die Jungs treten weiter auf ihn ein
Und ihre Mädchen spucken ihn
An mit ihrer Sabber und ihren Worten.

Bodhisattvas, das ist die Welt!

Wahre Pfade

Leben
Um zu geben.
Heilt
Alles Leid.

Kein Geld
Der Welt
Hat den Wert
Von Buddhas Lehr.

Keine Macht
Mit der Kraft
Zu verstehen
Wie Buddhas Lehren.

Kein Weg,
Der besteht
Oder weitergeht
Als Buddhas Weg.

Kein Ass
Wie die Bodhisattvas,
Deren Herz
Heilt allen Schmerz.

Buddha ruft euch!

Bodhisattvas hört den Ruf!
Eure Zeit ist reif!

Ihr habt gewartet
Leben für Leben
Im ewigen Streben
Auf Buddhas Wegen.

Sprengt die zehn Fesseln.
Erklimmt die zehn Stufen.
Meistert die fünf Pfade
Und die sechs Paramitas.

Drei Kalpas sind
Nur ein Augenblick.
Der wahre Pfad
Misst sich nicht in Zeit.

Es ist euer Herz
Und der Wert,
Den ihr den Wesen
Verleiht.

Heilt. Gebt. Lehrt.

Maitreya

Tränen trocknen.
Wunden heilen.
Sorgen enden.
Maitreya erscheint.

Heute Bodhisattva.
Morgen Buddha.
Jetzt im Tushita.
Dann auf Erden.

Der Tag wird kommen,
An dem Maitreya erwacht.
Dann wird er lehren und
Ein neues Zeitalter beginnen.

Shakyamuni strahlt
Und Maitreya folgt.
Shakyamuni ist jetzt,
Bis Maitreya übernimmt.

Sieh ins Licht
Deiner Buddhanatur.
Leg ab den Schwur
Der Bodhisattvas.

Übt

Bodhisattvas sind nicht,
Denn sie werden.
Bodhisattvas sind leer.

Bodhisattvas haben nichts,
Aber anerkennen den Wert
Eines guten Herzens.

Bodhisattvas behalten nichts,
Denn im Geben
Vollendet sich ihr Leben.

Was ist und war und sein wird, das weiß am Ende nur der
Buddha wirklich. Wir sehen nur einen Teil der Realität. Wir
sind nur ein Teil von dem, was das Ganze ist.

Ihr Leiden, dessen Ursache und der Pfad, der aus dem
Leiden führt. Mehr brauchen wir nicht, nicht die
Bodhisattvas, noch nicht mal der Buddha, da in diesem
vierfachen Weg alle Welten des dreitausendfachen
Weltgewebes enthalten sind.

Trauriger Alltag

Tausend Münder.
Tausend hungrige Augen,
Die den Bodhisattva
Flehend anschauen.

Geschlachtetes Vieh
Und die religiöse Zwangsehe
Muss die Bodhisattva
Mit ansehen.

Raketen und
Bombenhagel
Am helllichten Tage
Verdunkeln Bodhichitta.

Der Pfad ist nur der Pfad,
Wenn er dieses Unheil
Zerstört und
Unwiederholbar macht.

Kaleidoskop

Jeden Moment webt Karma
Und weist zum Dharma.

Sieh das Licht der Welt
Und vergiss das Geld.

Bodhisattvas streben
Auf allen Wegen.

Denn überall ist Leid,
Es macht vor nichts halt.

Bodhichitta lässt uns sehen
Das wahre Wesen.

Buddha Shakyamuni bewies,
Dass es Erlösung gibt.

Alles ist da auf dem Pfad:
Du brauchst nur noch erwachen!

Über den Autor
Niemand erkannte und
Verstand das Nichts
Eines glücklichen Nirgendwo.